LE
SUFFRAGE UNIVERSEL

ET LA FUTURE

LOI ÉLECTORALE

—

Prix : 60 centimes.

—

PARIS

E. LACHAUD, LIBRAIRE-ÉDITEUR

Place du Théâtre-Français, 4.

—

1871

LE SUFFRAGE UNIVERSEL

ET LA

FUTURE LOI ÉLECTORALE

Depuis qu'il fonctionne en France, le suffrage universel a donné lieu à maintes critiques justifiées, à maintes apologies autorisées. Apporter aujourd'hui une nouvelle preuve ou pour, ou contre, serait téméraire. — Quand des sommités, telles que Lamartine, Armand Marrast, Emile de Girardin, plus récemment encore, un écrivain comme Eugène Ténot, etc., etc., ont parlé, de quel poids peut être l'opinion d'un inconnu tel que nous? Nous n'avons pas aussi la présomption d'émettre un avis, nous voulons simplement indiquer certaines particularités du suffrage universel ; nous voulons retracer dans un cadre restreint quelques réflexions suggérées par les événements. Le lecteur jugera.

Avant d'entrer dans l'examen qui va suivre, nous devons déclarer que nous n'avons été inspiré dans cet acte par aucune considération de personnes ni de partis. A même de juger, presque *de visu* ce qui s'est passé dernièrement à Paris, nous avons pu remarquer en même temps, non sans une douloureuse sensation, que l'exemple donné par la démagogie trouvait partout un trop facile écho.

Nous avons surtout observé ce phénomène particulier à deux pas de nous, à Sèvres, où le hasard nous avait conduit en pleine fièvre électorale, c'est ce qui explique pourquoi nous avons cru devoir prendre, comme terme de comparaison, Paris et Sèvres, — les extrêmes. — Nous avons essayé d'introduire en politique la théorie d'Hanneman : les infiniment grands et les infiniment petits, et nous nous estimerons heureux si, sentinelle vigilante criant : « *Société, prenez garde à vous !* » nous pouvons être entendu de ceux à qui nous nous adressons, si nous trouvons un écho chez ceux qui sont français avant d'être de telle ou telle Eglise politico-sociale.

*
* *

Quel étrange sphynx que le suffrage universel ? — Que de déceptions, que de surprises il réservait à ceux qui le préconisaient et qui n'eurent jamais qu'un but : l'asservir. Que de cruelles erreurs il a aidé à se faire jour. Après avoir fait l'Empire par le fameux chiffre 7,500,000 qui, en pendant avec le non moins fameux : *Vox populi, vox Dei*, fut l'étiquette de la panacée impériale, étiquette répandue à profusion, semée partout, réclame permanente destinée à vanter le fameux produit du 2 décembre, quels enseignements n'a-t-il pas donné à ceux-là mêmes qui l'avaient pris pour fondement de leur trône ?

Le vote du plébiscite avait à peine formulé le

désir césarien, l'homme *au cœur léger* venait de
dire « que la nation dans ce vote affirmait la dynastie
impériale, » que les élections aux conseils municipaux donnaient un démenti au plébiscite et à l'af-
firmation, en composant la plus grande partie de
ces assemblées, d'hommes notoirement hostiles à
l'empire.

Malgré cela, le peuple souverain qui avait acclamé
l'empire par son vote, aurait acclamé de ce même
vote la chute de ce même empire, quand les douze
apôtres de la révolution du 4 septembre montèrent
le « calvaire du pouvoir ? » — Et si l'on eût voté
alors, si au lieu de s'emparer purement et simplement du gouvernement et de détruire tout ce qui
était sorti du suffrage universel, base du régime
politique de la France, les membres du Gouvernement de la défense nationale eussent fait un appel
au peuple, la majorité qui avait été donnée à l'empire plébiscitaire était d'avance acquise à la République *plébiscitant*.

Et les désastres du pays n'étaient pour rien,

croyez-le bien, dans ce brusque revirement. d'opinion, et la conduite de celui que l'histoire désigne
sous le nom « d'homme de Sédan » n'aurait eu que
faire dans le sentiment qui eût poussé la majorité à
voter sans réflexion, comme toujours, pour le but
qu'on lui désignait. — Ce qui est étrange, et ce que
nous avons constaté depuis longtemps, c'est que la
plus grande partie de la nation, qui a fait quatre ré-
volutions sous le prétexte d'avoir la liberté, recher-
che avec soin, avec bonheur presque, l'occasion de
se courber sous la tyrannie de quelqu'un ou de
quelque chose. C'est ainsi que l'on voit presque
toujours, à chaque élection, des *guides-électeurs,*
sortes de comités patentés par eux-mêmes pour
promener l'électeur à travers la galerie des personnages qui briguent l'honneur de le représenter. —
Et l'on voit un grand nombre d'hommes voter pour
M. un tel, parce que le journal un tel, parce que tel
comité recommande ce M. un tel. — Remarquez
bien que, la plupart du temps, le comité ne professe
pas les idées de l'électeur, que le journal en question

ne suit pas la ligne politique que lui, électeur, croit devoir suivre, mais on vote comme cela parce que c'est la mode, et on met un bulletin de cette façon dans l'urne comme on met un panama plutôt qu'un couvre-chef en paille de riz. — C'est triste, mais c'est malheureusement vrai !

Nous sommes le peuple le plus spirituel de la terre, c'est convenu. Nous nous le rabâchons depuis trop longtemps pour que nous ne soyons pas parfaitement convaincus que nous avons parfaitement raison.

Mais à côté de ce dicton inoffensif, pourquoi n'inscrivons-nous pas que nous sommes les citoyens les plus légers et les plus inconséquents qui couvrent la surface du globe. C'est une justice que nous devrions nous rendre, pourtant, puisque nous ne cessons chaque jour d'en donner de nouvelles preuves.

Paris brûlé, calciné, *pétrolé*, — hélas ! c'est un verbe sinistre qu'il faudra franciser, — respire à peine après une terreur qui a pesé sur lui comme un lourd manteau de plomb; Paris terrifié, mitraillé, appelle de tous ses cris, de tous ses vœux, de toutes ses forces à son secours. — On vient à lui, nombre de victimes de l'ordre scellent de leur sang le rachat de cette capitale du monde civilisé, tombée entre les mains des *fauves*, et le sauvetage est à peine accompli, les hommes de devoir sont à peine à l'œuvre de justice, que le Parisien oublie ses terreurs, ses journées passées dans ses caves, dans ses cachettes, il regarde passer d'abord d'un œil farouche les premiers convois de ces misérables que la conscience humaine réprouve, que la justice populaire réclame; il les charge de malédictions, sans se soucier s'il n'y a pas parmi ceux-là qu'il accable, des *boucs émissaires* chargés de ses propres iniquités à lui, le gouailleur, qui a voulu garder les canons, parce que ça lui plaisait, *na!* à lui, ce grand polisson de gamin, qui a voulu avoir des hochets qui puissent faire du mal, et qui n'a pas plus tôt vu le danger que ces *canons prétextes* faisaient courir à l'ordre de la rue dont il vit, somme toute, ce spiri-

**

tuel Parisien, qu'il s'est empressé de se trans-
former en Jérémie et de remplir de ses lamentations
cieux et terre ? Mais comme toujours, trop tard.

Le sang a rougi les pavés, le canon a fait enten-
dre sa lugubre voix, les flammes ont calciné nos
monuments ; alors, oh ! alors, on a entendu des
cris de vengeance, chacun est sorti de sa torpeur
et de sa stupeur, et les malheureux comparses de
la tragédie communarde ont pu s'en apercevoir.

Mais voilà que les flammes sont éteintes, que les
canons sont remisés, que les *premiers rôles* et les
aides de ces messieurs sont en route, qui pour le
Conseil de guerre, qui pour l'Angleterre, — cette
terre hospitalière où Pyat, le bandit, coulera d'heureux jours ; — que les *fédérés*, comme ils s'appellent, prennent le chemin forcé de Cherbourg, de
Brest, où beaucoup d'entre eux se retrouveront,
croyez-le bien, en pays de connaissance, et que
Satory offre un asile aux révoltés. Le décor et l'attitude changent presqu'à vue. Le premier convoi,
le deuxième, le troisième qui, escortés de gendar-

mes, et protégés contre l'indignation populaire par des détachements sérieux, gagnaient le lieu de la justice, étaient honnis, conspués, les suivants étaient injuriés ; aujourd'hui plus rien. Quelques jours sont passés et les insurgés sont aujourd'hui peut-être d'*innocentes victimes*, et les Prudhommes parisiens qui menaçaient du parapluie — cette arme qu'un homme d'esprit leur infligea avec tant d'à-propos — tous les malheureux qui passaient, les amateurs qui poussaient sur le passage du convoi des cris de rage et de malédictions, ces bons messieurs-là, voyez-vous, comme dirait un Belge, ami de Paul Meurice, geignent à qui mieux mieux, s'ébaudissent de plaintes et de sensibleries pour les malheureux qu'ils conspuaient la veille.

Quel spectacle désolant ?

Et que l'on ne vienne pas nous dire que c'est la pitié qui a remplacé la colère ; nous n'avons qu'un mot pour qualifier ces sentiments de Janus. C'est l'inconséquence de la pitié, comme c'était alors l'inconséquence de la colère !

Pour peu que cela dure, le brun Ferré, l'homme au croc de vautour, sera « un malheureux entraîné par la passion politique ; le beau Grousset, l'homme à la raie et aux affaires *étranges* sera un impétueux jeune homme ; Courbet sera un apôtre de l'art nouveau démolissant les témoignages de l'art antique pour affirmer l'art qui va venir, et dont il sera seul, l'unique, la complète et la dernière incarnation ; Lullier sera le plus grand stratégiste du moment ; Régère, Jourde, Urbain, tous enfin seront des victimes des temps « qui n'avaient pas sonné ? »

Pourquoi ne pas les proposer pour le prix Monthyon tout de suite ?

Voilà qui est plus qu'affligeant, qui est désolant, — ne craignons pas de répéter le mot, — pour le bon sens national.

Hier ils n'étaient que des bandits, et vous parliez de rétablir, en les trouvant trop douces encore, pour leur usage personnel, les tortures du moyen âge et de l'inquisition, aujourd'hui, d'une voix dolente, vous venez nous dire : « Pardonnez-leur, ils ne savaient ce qu'ils faisaient ? » Contradiction terrible et pleine de menaces pour notre avenir.

Pour nous, Dieu nous garde de formuler une réflexion quelconque à ce sujet : il y a chose jugée. Habitué que nous sommes au respect de la loi, nous nous inclinons devant le verdict des juges.

*
* *

Aussi que se passe-t-il ?

L'œuvre de destruction est achevée, l'œuvre de réparation commence. Paris, devant cette désolation de la désolation, s'amende ; l'esprit léger qui célébra Léotard et essaya d'immortaliser Thérésa, ce gosier de grenouille à voix presque humaine, — et tant d'autres personnages du même acabit ; Paris, qui applaudit en tout temps des mêmes applaudissemen's et Lacordaire et Gagne, semble se recueillir : les événements le préoccupent, il réfléchit. — Entendez-vous bien, Paris réfléchit !

Il bénit du fond du cœur ceux qui l'ont arraché à la tyrannie des Rigault, des Delescluze et des sous-procureurs de toute sorte, et il ne demande qu'à prouver qu'il est devenu raisonnable.

Ah bien oui, et le moyen ?

Le moyen, il était tout trouvé : il s'agissait de prouver que la Ville de Paris était étrangère aux horreurs commises dans ses murs, que ses véritables enfants répudiaient et maudissaient ceux d'entre eux qui avaient pu déchirer le sein de la mère-patrie et verser le sang de leurs frères, et pour cela il fallait à la première occasion montrer son sentiment au pays, sa soumission à ce qu'on était forcé de respecter, au gouvernement qui s'imposait au respect par ses actes et par sa fermeté.

Paris, qui est peut-être la tête de la France, mais qui ne saurait revendiquer l'honneur d'en être le cœur, voit les efforts du gouvernement à réparer le mal de l'émeute, il ne manquera pas d'affirmer sa communauté de sentiments avec ses sauveurs ?

Peuple souverain, aux élections municipales de Paris, à ces élections que tu as vainement demandées pendant si longtemps et qu'un gouvernement libéral te donne au nom du grand principe de l'égalité, à ces élections tu vas montrer comment le peuple, maître de ses destinées, exerce ses droits??

Et de l'urne sortent les noms suivants : Ranc, Lockroy, Mottu! Cantagrel et Bonvallet. — Pourquoi pas Rochefort, pendant que vous y étiez, messieurs? Rochefort, votre élu des beaux jours ; Rochefort, l'ami du peuple ; Rochefort, le lanternier, qui défendait vos droits et vos propriétés sous la commune, en prenant le chemin de Bruxelles.

Et tout cela, pourquoi, s'il vous plaît ?

On croirait que c'est pour donner une nouvelle preuve de cet esprit de versatilité qui est et qui demeurera quand même le fonds du caractère parisien.

Ils disent, du moins il en est quelques-uns qui

ne craignent pas d'affirmer qu'ils ont voulu faire
acte d'indépendance. Indépendance de qui, indépendance de quoi? Ah! c'est ce mot qui nous révolte ; acte d'indépendance, quand tous ceux,
dont peut-être vous étiez, vous-même qui me lisez,
faisaient le jeu de l'Internationale en patronnant
des candidats de son choix : Ranc, l'ex-préfet de
police de la délégation de Tours et le fonctionnaire
de la Commune; Bonvallet, le grand politique de
fourneaux ; Lockroy, qui est en révolte ouverte
avec la Chambre ; Mottu, le Mottu que l'on connaît !
Cantagrel, l'émule et le compaing de ces célébri-
tés malsaines qui nous ont envahis depuis quelque
temps. L'Internationale, satisfaite et fière de son
succès, étale impudemment dans ses journaux, —
car elle a des journaux et des journalistes, cette
monstrueuse machine, — son infernale action, son
horrible puissance.

Une fois la niche faite, l'acte d'indépendance accompli, le Parisien est inconsolable; il est le premier
à applaudir à la parole ferme et sage qui se fait en

tendre dans le sein de l'Assemblée, pour demander pour Ranc l'égalité devant la justice, il est le premier à hausser les épaules en voyant passer dans sa suffisance Bonvallet, le Bonvallet du boulevard du crime, à qui nous souhaitons que la politique soit plus légère que ne le furent jamais à leurs poitrines les beefsteaks qu'il servit à ses clients ; il geint d'avoir confié ses affaires à nombre de ceux qui les résoudront désormais, il ne demanderait pour un peu qu'à les renvoyer pour metttre à leur place, qui ?... Les mêmes personnages représentés par d'autres individus, soyez-en sûr !

Du reste, rendons cette justice à MM. les communards en exercice comme en chambre, c'est qu'ils ont le cynisme de leur *manière* en politique. « Paris sera à qui voudra le prendre, à la condition de chauffer cinquante mille gosiers. » C'est le frère et ami Lullier qui, avec une crânerie superbe, a pris soin de nous le dire. Donc, tenons-nous pour avertis. Qui veut chauffer cinquante mille gosiers, cela ne coûte pas cher et cela assure ou peut assu-

****

rer le succès d'une émeute, à plus forte raison d'une élection !

Le suffrage universel pouvant s'exercer dans de telles conditions, n'est-ce pas la profanation du plus saint des devoirs de la liberté, et cela ne donne-t-il pas quand même à réfléchir?

On sait que depuis que l'Internationale fonctionne, il existe à Paris une Faculté de désordre, une sorte d'Ecole de désorganisation sociale qui expédie ses bacheliers en province avec la mission de convertir aux idées pétrolières les ouvriers des villes et des campagnes. Auprès des premiers ils ont un accès rendu facile par les communes libations chez le marchand de vins, chez *le mastroquet,* car c'est sous ce nom un peu *vert* que tout limonadier qui se respecte doit paraître s'il veut avoir la clientèle absorbante de ces honorables. Mais auprès des paysans, des ruraux, comme ils les appellent avec dédain, ils n'ont certes pas le même succès, et nous pourrions citer tel professeur de barricades qui a dû fuir sous les fourches primitives de garçons d'écurie qu'il voulait endoctriner.

Cette contagion, des grandes villes gagne les petites; bientôt, si l'on n'y prend garde, les bourgs eux-mêmes seront infestés, et le mal en s'étendant rendra l'application des remèdes moins sûre et plus difficultueuse.

On sait comment Lyon et Marseille, pour ne citer que ces deux centres, ont procédé et menacent de procéder encore. On a vu Marseille bombardé le 4 avril, à la suite de la malheureuse insurrection faite par les communeux de cette ville, abandonnée par le chef de la municipalité qui laissait son propre fils en otage aux mains des émeutiers, et, nouvel Ugolin, fuyait pour conserver un père à ce fils menacé de fusillade par les insurgés. Une pareille façon de comprendre ses devoirs, que le Président du Conseil de guerre, Thomassin, devant lequel ce magistrat a comparu en témoignage, a qualifiée, suffit pour donner la mesure d'un homme. Eh bien! des élections ont lieu quelques jours après, des hommes libéraux, honnêtes, des hommes de bonne volonté, rompus aux affaires municipales, ayant la double garantie du caractère et du talent, pour la grande majorité sincèrement dévoués à l'ordre de choses actuel, se présentent pour remplacer ceux qui comprennent le devoir par la fuite devant le danger, par l'abandon de leur poste. Mais on a compté sans *l'Internationale.* Elle a trouvé, en ceux-là qu'on veut si justement remplacer, des.... échanges de bons procédés... (nous ne voulons pas écrire d'autres mots) elle leur doit protection. La machine électorale fonctionne, les mots d'ordre sont donnés, les quartiers marchent disciplinés, et ce maire et ceux qui furent ses acolytes sont renommés !

De nouveau une ville de près de quatre cent mille âmes voit, de par le suffrage universel, ses destinées entre les mains d'un administrateur qui lui a donné les garanties que vous savez.

Le plus grand nombre s'indigne et proteste, l'Assemblée même (1) retentit des exploits administratifs de ces incapacités qu'un caprice de l'urne, caprice imposé par l'œuvre de désordre, maintient encore dans des fonctions qu'ils n'auront pas la pudeur d'abandonner devant le cri de la conscience publique qui les accuse, et qui désire les voir rendus à de plus faciles devoirs (2).

N'y a-t-il pas là encore une nouvelle preuve à l'appui de ce que nous avons dit de l'exercice du suffrage universel ?

Quant à Lyon, nous avons eu un exemple récent de la manière dont les élus comprennent leurs grands devoirs. Nous voulons parler de la fête des Ecoles, et nous nous sentons malgré nous remplis

(1) *Officiel* du 20 août. Validation des élections des députés des Bouches-du-Rhône.

(2) Entachées de nullités nombreuses, entourées de circonstances plus ou moins irrégulières, les élections de Marseille ont été cassées par le Conseil de Préfecture, mais le Maire, qui s'est illustré par son courage le 4 avril, et qui a reçu les félicitations du Président du Conseil de guerre, M. Thomas Bory, continue à remplir ses fonctions.

d'une invincible tristesse quand nous voyons des hommes, au nom de la politique, essayer de corrompre le sens moral des enfants, sous prétexte de liberté de conscience.

Voyez-vous ce Conseil municipal de Lyon qui, par délibération, semble vouloir dire : « Dieu est supprimé !!! »

Farces honteuses, rêvées par des édiles en délire de pouvoir, cérémonies destinées à rappeler les plus mauvais jours de notre histoire, et qui, jetant aux imaginations naïves des jeunes créatures le mot désespérance en pâture, assure ainsi à l'avenir une génération de révoltés.

Au nom de la Liberté, au nom de la Fraternité, au nom de la République, on proclame la proscription de l'image sacrée de celui qui prêcha le premier la fraternité, de celui qui s'immola pour régénérer l'humanité.

Christ disparaît? La vue de ton sacrifice légendaire rappelle à tous l'enseignement de ta sainte morale, et certains messieurs du Conseil municipal de Lyon n'ont que faire de ta morale, sans doute.

Spectacle affligeant, et qui nous attriste encore plus qu'il ne nous indigne.

Heureusement le pays tout entier, par la voix de ses représentants, réclame contre de pareils faits qui non-seulement sont monstrueux au point de vue moral, mais qui constituent, ainsi qu'on l'a démontré, un véritable abus d'autorité (1).

Nous regrettons que le préfet Valentin, dont nous connaissons le courage, n'ait pas puisé dans son patriotisme et dans son dévouement à la République, la décision qui pouvait empêcher cette saturnale municipale.

Voilà désormais des candidats perpétuels aux siéges municipaux. Ils ont nié la morale ; les internationaux de tout rang les imposeront à vos voix soumises, électeurs obéissants. Ne faut-il pas, pour vous forcer à secouer ce joug, répéter encore :

« Société, prenez garde à vous ! »

----

(1) Voir le *Journal officiel* du mardi 22 août. — Discours de MM. Monet, Baron, Chaurand et Jules Simon.

*_**

Nous avons dit qu'après avoir donné la preuve de la manière dont s'exerce le suffrage universel dans les grandes villes, nous montrerions combien la gangrène communiste semble se répandre partout.

On pourra nous objecter que le voisinage de Paris est la cause peut-être de ce fait particulier à Sèvres, que nous allons citer, puisque nous avons dit plus haut que nous parlerions des dernières élections de cette commune. Que l'on n'en croie rien, nous pouvons malheureusement prendre sur tous les points de la France ces termes de comparaison.

Nous croyons inutile de rappeler l'admirable conduite tenue par M. Journault, maire de Sèvres, pendant les heures douloureuses de l'occupation ennemie; elle est connue de tous, et elle a reçu sa juste récompense, puisqu'elle lui a mérité, autant

que ses qualités natives, l'entrée de la première
assemblée du pays, où il occupe dignement une
bonne place. A côté de lui, des hommes de dévouement l'ont aidé dans cette lutte constante, dans
ce travail de protection de tous les instants qui
naissait de cette situation malheureuse d'une ville
affolée par la terreur et constamment menacée par
une cohorte de soudards avides et brutaux. Nombre
d'entre eux, magistrats municipaux aussi, ont vu
s'abaisser plus d'une fois sur leurs poitrines le
dreyse d'un Allemand, alors qu'ils faisaient acte
d'autorité et de patriotisme en défendant notre loi
civilisée, nos mœurs, nos coutumes devant des exi-
gences arbitraires dont seuls pouvaient se rendre
capables des soldats qui, asservis par une politique
soucieuse de sa conservation personnelle, semblent
n'avoir aucune notion du droit naturel, ce droit des
gens que tout être ayant une âme apporte avec lui
en naissant et qui est le droit de la conscience, la
notion du bien et du mal qui distingue l'homme de
l'ilote.

Par suite des désastreux effets de l'invasion et de la malheureuse insurrection de la Commune de Paris, la reconstitution de la municipalité de Sèvres avait été ajournée. Elle fut fixée aux derniers jours de juillet. Dès ce moment on s'occupa des élections municipales qui passionnent surtout les petits centres, parce qu'elles intéressent plus spécialement de petites passions, de petites ambitions qui n'ont que ce théâtre pour se faire jour, que cette chaire pour placer les discours que tout Français semble se croire obligé de faire à ses concitoyens.

Le devoir civique, en même temps que la reconnaissance publique, indiquaient la liste à constituer. Au premier rang, il fallait placer ceux qui, par leur attitude, leur énergie, leur fidélité au devoir, avaient prévenu les malheurs de la cité. Mais Sèvres qui, hélas! comme tous les villages des environs de Paris, est malheureusement trop enclin à l'imiter dans ses excès, Sèvres possède lui aussi ses démagogues à tous crins.

Une liste se forme, elle est composée des hommes

les plus honorables, les plus indépendants du pays. Leurs noms sont entourés d'une juste considération, mais forcément la liste est restreinte au nombre indiqué par la loi. — De là, mécontentement, les candidats étant nombreux, très nombreux.

Une autre liste surgit aussitôt, puis une autre, puis une autre, puis encore ; listes disparates formées des éléments les plus divers, les plus colorés et les plus pâles ; il y a de tout dans ces listes, excepté cependant une pensée d'union et de civisme. Des hommes à l'amour-propre froissé ne craignent pas de se rencontrer sur un terrain que leurs habitudes sociales leur interdit de hanter, de se faire les compagnons provisoires de personnalités qu'ils honoraient hier encore de leur mépris et à qui ils le rendront demain, parce que demain ils n'en auront plus besoin pour en faire les complices de leurs petites rancunes.

Un peu plus, quelques voix encore et le suffrage universel, qui est capricieux, va donner à la commune, l'administration *panachée*, pour nous ser-

vir d'un mot du terroir, qui devait forcément ré-
sulter de cette *olla podrida* de candidats. La pro-
pagande a été faite avec ardeur, on a prodigué
les professions de foi et les discours amphigou-
riques ; tout le ban et l'arrière-ban de ceux qui
croient que le mot République veut dire désordre
et à qui il faut apprendre quand même et par tous
les moyens possibles qu'il est synonyme d'ordre,
de justice et de liberté, est convoqué pour faire
sortir de l'urne les noms des élus du *peuple.* — Un
orateur prononçait « *peupe !* »

Pendant ce temps, les bons citoyens, les républi-
cains conservateurs, accomplissent mollement, —
comme toujours, — leur devoir, et ce n'est qu'après
des ballotages, des discussions, des commérages
qui agitent le pays et où, de chaque côté, on laisse
toujours un peu de sa dignité, que Sèvres se voit
nanti d'une administration municipale digne de la
représenter et à la tête de laquelle figure l'homme
honorable dont nous avons parlé déjà, M. Journault, qui a eu l'honneur d'être porté sur toutes

les listes. — C'est une justice que nous rendons aux Sèvriens.

Faut-il multiplier les exemples. C'est inutile, de toutes parts ils se font jour, et tous les hommes d'ordre vraiment patriotes et qui placent la France au-dessus de toute préférence, de toute question de parti, ceux-là qui seront toujours la majorité quand ils le voudront, en sont profondément affligés et demandent des réformes à un tel état de choses.

*
* *

Est-ce à dire qu'il faut toucher au suffrage universel.

Dieu nous garde d'une pareille pensée ; ce n'est pas parce qu'une institution est mal comprise, parce qu'elle est mal ou imparfaitement appliquée qu'il faut essayer de la détruire. Il faut au contraire se servir de l'expérience suggérée par la pratique pour l'améliorer et pour en perfectionner le mécanisme.

Nous savons qu'avec l'instruction obligatoire le vote se fortifiera, que tout homme qui saura lire ne sera plus un instrument aux mains de tel ou tel. Mais avant que cette utile réforme ait porté ses fruits, il se passera de nombreuses années encore, et les faits sont là réclamant impérieusement que l'on avise.

En attendant, puisque l'Assemblée doit faire une nouvelle loi électorale qui aura certainement une grande affinité avec la Constitution qui nous régira, puisqu'elle devra être une de ses bases, nous croyons pouvoir demander que l'on se préoccupe de certains points que nous n'avons fait qu'indiquer et que cette institution nationale ne devienne pas la chose de quelques-uns.

Nous allons au devant des objections que l'on nous fera certainement avec justice, c'est que c'est à l'apathie, à l'insouciance coupable du grand nombre que nous devons les surprises de l'urne électorale. Que pourraient en effet les efforts d'un groupe turbulent et agitateur contre une agglomération de volontés unies dans un sentiment d'ordre. Cette indifférence, nous la condamnons sévèrement, mais ne résulte-t-elle pas de l'excès d'élections que nous avons fait pendant ces dernières années ; n'a-t-elle pas sa source principale aussi dans les moyens employés pour assurer le résultat des élections, alors que le succès excusait tout et que florissaient les candidatures officielles imposées ?

Nous croyons fermement que si, et c'est pourquoi nous demandons avec intention qu'à l'avenir on *moralise* l'exercice du suffrage universel, et que les élections soient moins prodiguées.

Nulle œuvre humaine n'est parfaite, mais toutes, dans une certaine mesure, sont susceptibles de perfectibilité ; le droit électoral est dans ce cas.

Pourquoi, par exemple, ne pas convertir en devoir rigoureux ce qui est considéré à juste titre comme un honneur ? Pourquoi ne pas punir le citoyen qui manquerait à son devoir d'électeur ? En de certains moments, à de certaines heures de la vie des peuples, il faut le concours de tous, et les sociétés se sauvent par l'exercice du devoir sans abstention.

Nous ne sommes pas pessimistes, et nous savons que la France est debout, meurtrie, mais vaillante, prête à affirmer de nouveau son génie et sa puissance, nous savons que la patrie ne peut pas périr tant qu'elle tiendra dans sa main le flambeau de la liberté. Mais c'est précisément pour cela que nous demandons qu'on la garantisse contre toutes les surprises aussi bien d'en haut que d'en bas, et que la souveraineté populaire s'exerce enfin avec le calme, avec la dignité qui sont les conséquences nécessaires de toute majesté.

En attendant les résultats de l'instruction obligatoire, nous demandons le vote obligatoire pour tous ceux qui sont dignes d'exercer les droits de citoyens.

Pourquoi aussi ne pas entourer les conditions d'éligibilité de garanties plus sérieuses. — Nous

donnons un exemple qui vaut seul une longue dis-
cussion.

Pour nommer un garde champêtre de la
plus pauvre commune, on exige avec justice des
conditions de moralité et des certificats nombreux;
pour investir par l'élection un homme d'une magis-
trature, pourquoi n'exigerait-on pas aussi...... certains témoignages, certains documents? Nous ne
voulons en aucune sorte que l'on revienne de près
ou de loin aux formules censitaires absolues pour
l'éligible, mais les conditions imposées pour confirmer le droit d'*électeur* ne nous paraissent pas
suffisantes, en ce moment du moins de péril social,
pour confirmer le droit d'*éligible*. Il faudrait pour
cela d'abord que les listes fussent soigneusement
épurées et tenues à jour; c'est là un point difficile
et délicat que l'on obtiendra certainement, mais
plus tard. Et puis tout honnête homme est électeur,
c'est bien, mais on peut être parfaitement honnête
et parfaitement incapable; nous en avons la preuve
tous les jours.

Une connaissance des hommes et des choses d'un pays que l'on veut représenter, n'est-elle pas aussi utile et indispensable même ? N'y a-t-il pas lieu dès lors de demander aux candidats, surtout aux élections municipales et aux élections des Conseils généraux, certaines conditions ? — En présence des attributions des Conseils généraux, inscrites dans la nouvelle loi départementale, et pour donner aux conseillers l'autorité morale qui leur sera nécessaire pour remplir leurs fonctions, nous émettons l'avis que de nouvelles conditions doivent être imposées. Il sera désormais impossible à quiconque ne connaîtra pas à fond les questions de coutumes, de personnes du département ; sa configuration, son exacte géographie, le réseau de ses routes, de ses chemins, de ses cours d'eau, de résoudre en parfaite connaissance de cause les questions multiples sur lesquelles les Conseils généraux sont appelés désormais à statuer.

Ce sont là des questions que nous ne voulons pas traiter à fond, c'est affaire aux législateurs éclairés, aux hommes compétents ; et du reste, nous le répétons, il ne faut toucher au suffrage universel qu'avec la plus grande circonspection ; mais nous ne cesserons de demander l'amélioration morale et matérielle de son fonctionnement.

Et nous insistons sur les réformes d'éligibilité à introduire dans la nouvelle loi, en ce qui concerne les Conseils généraux et les Conseils municipaux, nous insistons d'autant plus volontiers sur ce dernier point surtout, que nous désirons par-dessus tout que la commune municipale ne soit jamais remplacée par la commune révolutionnaire, ainsi que nous en avons fait la triste expérience.

Versailles, imp. E. Aubert.